中学保险教育知识读本

U0854345

保险伴我一生（第2版）

BAOXIAN BANWO YISHENG

中学保险教育知识读本编写组 · 编著

高中版

北京师范大学出版集团
BEIJING NORMAL UNIVERSITY PUBLISHING GROUP
北京师范大学出版社

图书在版编目(CIP)数据

保险伴我一生·高中版/中学保险教育知识读本编写组编著.
—2版.北京：北京师范大学出版社，2011.9（2017.5重印）
（中学保险教育知识读本）
ISBN 978-7-303-10642-4

Ⅰ.①保… Ⅱ.①中… Ⅲ.①保险—青少年读物
Ⅳ.①F84-49

中国版本图书馆CIP数据核字（2009）第200325号

出版发行：北京师范大学出版社 www.bnupg.com
北京新街口外大街19号
邮政编码：100875
印　　刷：北京盛通印刷股份有限公司
经　　销：全国新华书店
开　　本：787 mm ×1092mm 1/16
印　　张：5
字　　数：66千字
版　　次：2011年9月第2版
印　　次：2017年5月第9次印刷
定　　价：16.00元

策划编辑：梁志国 范 林　　责任编辑：范 林 张丽娟
美术编辑：毛 佳　　装帧设计：高 霞
责任校对：陈 民　　责任印制：李汝星

版权所有 侵权必究

反盗版、侵权举报电话：010—58800697
北京读者服务部电话：010—58808104
外埠邮购电话：010—58808083
本书如有印装质量问题，请与印制管理部联系调换。
印制管理部电话：010—58800825

前　言

保险是现代金融体系和社会保障体系的重要组成部分，具有经济补偿、资金融通和社会管理功能，能够发挥“促进改革、保障经济、稳定社会、造福人民”的重要作用。为构建社会主义和谐社会，适应经济社会转型需要，在全国各级各类学校加强保险教育，普及保险知识，培养造就具有较强保险意识的现代公民，具有十分重要的意义。

党中央和国务院对保险教育工作非常重视，2006年《国务院关于保险业改革发展的若干意见》明确提出，“将保险教育纳入中小学课程，发挥新闻媒体的正面宣传和引导作用，普及保险知识，提高全民风险和保险意识”。

根据《国务院关于保险业改革发展的若干意见》精神，2006年底，教育部、中国保险监督管理委员会联合发布《教育部　中国保险监督管理委员会关于加强学校保险教育有关工作的指导意见》，就加强学校保险教育有关工作提出指导意见。该文件明确指出，“将保险教育纳入国民教育体系，增强全体学生的保险意识”，“要将保险教育纳入中等职业学校有关课程，结合职业指导和素质教育向学生普及保险知识，增强学生运用保险的能力。中小学课程要适当渗透与保险教育有关的内容，增强中小学生的保险意识”。

为了贯彻落实《国务院关于保险业改革发展的若干意见》和《教育部　中国保险监督管理委员会关于加强学校保险教育有关工作的指导意见》，推动保险教育进入中小学课程，普及保险知识，提高学生风险和保险意识，中国保险监督管理委员会、中国社会科学院、英国保诚集团等单位联合成立项目工作组，在部分省、市选择若干所中学开展保险教育试点，组织编写了《保险伴我一生——中学生保险知识》一书，作为中学生保险教育知识读本。项目工作组结合两年时间来的试点工作和教学情况，并结合高中生的知识结构体系和知识接受能力，编写了“中学保险教育知识读本”《保险伴我一生·高中版》，供高中生学习保险知识参阅。不妥之处，请予指正。

本书编写组

2009年9月

本书由英国保诚集团资助出版。

目录

CONTENTS

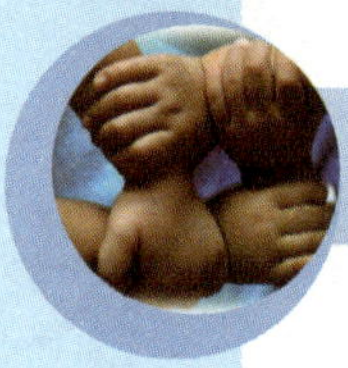

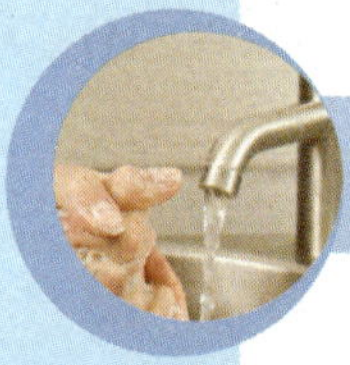

第九课　保险与社会保障　59

第十课　保险与理财　65

第一课 人生处处有风险

名人名言

祸兮福之所倚，福兮祸之所伏。

——《老子》

导言

一个灵魂要求上帝派给他一个最好的“形象”。上帝回答：“你准备做人吧。”“做人有风险吗?”灵魂问。“有，残杀，夭折，瘟疫，自然灾害……”上帝答。“另换一个吧!”“那就做马吧!”“做马有风险吗?”灵魂又问道。“有，受鞭笞，被宰杀……”他又要求换一个。换成老虎，得知老虎也会遇到风险。再换成植物，了解植物也是存在风险的。“啊，恕我斗胆，看来只有您上帝没风险了，我留下，在您身边吧。”上帝无奈地说：“我也有风险，人世间难免有冤情，我也难免被人责问……”

我们的未来是未知的，没有人能够预知风险降临的准确时间和地点。

案例导入

2004年的印度洋海啸

2004年12月底，小林和三个朋友一起到印度尼西亚观光旅游。12月26日，北京时间早上8点59分，印尼苏门答腊岛发生8.9级强烈地震，引发了波及印尼、斯里兰卡、泰国、印度、马尔代夫等十多个国家和地区的海啸，给印度洋沿岸造成了毁灭性的破坏。这是自从1900年以来第5强的地震。

小林和其中一个朋友被安全地带到了临时避难营，但同行的另外两个朋友失去了联系。直到28日，在救援队帮助下才与其中一人取得联系，另一位因在海滩附近，海啸袭来未及时躲避，被卷入巨浪之中……本次海啸造成近30万人员伤亡。

知识解读

风险

风险（Risk），通常是指损失发生的不确定性。

此次印度洋发生40年来罕见的强烈地震，是无法预知的，地壳运动不可能随人的主观意志而转移。

风险的三要素

风险因素（Hazard），是指促使损失发生和增加损失发生的频率或严重程度的任何事件。

印度洋地震发生在澳大利亚板块与印度板块两大全球构造板块的交界处。地震区内，印度板块相对缅甸板块，以6厘米/年的速度向西北方向运动，在巽他海槽斜向俯冲收敛。印度板块向缅甸板块下长期俯冲，积累了巨大的应力和能量，突然释放，引起地壳剧烈震动。这是促使风险事故发生或扩大损失程度的因素。

风险事故（Peril），是指造成损失的直接或外在的事件，或是指造成损失的直接的或外在的原因。

由于本次地震震源浅（仅10千米），对海水的扰动强烈，引发了巨大的海啸。这场突如其来的灾难给印尼、斯里兰卡、泰国、印度、马尔代夫等印度洋沿岸十多个国家和地区造成巨大的人员伤亡和财产损失。

又如因恶劣的暴风雪，能见度低，在高速公路上7辆车连续相撞，这场车祸造成1人死亡，3人受伤。其中，暴风雪是风险因素，车祸是风险事故。

风险损失（Loss），是指非故意的、非预期的、非计划的经济价值的减少。

“印度洋海啸遇难者总人数逼近30万”是因海啸带来的直接人员伤亡，即为损失。

风险的特征

风险通常具有客观性、普遍性、不确定性、可预测性。

客观性，风险不以人的意志为转移，具有客观性。

普遍性，风险存在于人类活动的方方面面，无处不在。

不确定性，对单个事件而言，风险是否发生不确定，发生的时间不确定，造成损失的程度不确定。

可预测性，风险虽然无处不在，但总体而言，风险发生的概率是可以测算出来的。

资料卡

人生各种风险概率

·受伤：概率是1/3

·难产（行将生育的妇女）：概率是1/6

·车祸：概率是1/12

·心脏病突然发作（如果年龄已超过35岁）：概率是1/77

·在家中受伤：概率是1/80

·受到致命武器的攻击：概率是1/260

·死于心脏病：概率是1/340

·死于车祸：概率是1/500

·死于突发事件：概率是1/2900

·溺水而死：概率是1/50000

·被动吸烟死于肺癌：概率是1/60000

自然风险案例

（1）唐山大地震

唐山大地震是20世纪十大自然灾害之一。1976年7月28日凌晨3时42分54秒，在河北省唐山市发生了8级强烈地震，震中烈度高达11度。同日18时45分，又在距唐山40千米的滦县商家林发生7.1级地震。震中烈度为11度。这次地震发生在工业城市，人口稠密，损失严重。24.2万多人死亡，16.4万人受伤。邻近的天津也遭到8~9度的破坏。有感范围波及重庆等14个省、市、区，破坏范围半径约250千米。

（2）汶川大地震

2008年5月12日14时28分04秒，8级强震猝然袭来，大地开

始剧烈颤抖。截至2009年4月25日，遇难69225人，受伤374640人，失踪17939人。其中四川省68712名同胞遇难，17921名同胞失踪，共有5335名学生遇难或失踪。直接经济损失达8451亿元。震级是自1950年8月15日西藏墨脱地震（8.5级）和2001年昆仑山大地震（8.1级）后的第三大地震，直接严重受灾地区达10万平方千米。

（3）1998 年大洪水

1998年大洪水影响范围广、持续时间长。虽然新中国成立以来建设的水利工程发挥了巨大作用，在党和政府的领导下，广大军民奋勇抗洪，大大减少了灾害造成的损失，但仍然造成4150人死亡，倒塌房屋685万间，农田受灾面积3.34亿亩，直接经济损失达2551亿元。

（4）2003 年 SARS

2003 年春夏，突如其来的 SARS 疫情给人们的健康和生命安全造成了严重威胁。据世界卫生组织公布的统计数字，截至 2003 年 8 月 7 日，全球累计“非典”病例共 8422 例，涉及 32 个国家和地区。全球因“非典”死亡人数达 919 人，病死率近 11%。其中中国内地累计病例 5327 例，死亡 349 人；中国香港 1755 例，死亡 300 人；中国台湾 665 例，死亡 180 人。

(5) 2009年 甲型H1N1流感

甲型H1N1流感于2009年3月底在墨西哥和美国加利福尼亚州、得克萨斯州开始爆发，而后在全球多个国家陆续出现感染病例。截至北京时间2009年8月30日，世界卫生组织确认甲型H1N1流感已造成全球254206人感染，至少2837人死亡。

阅读资料卡

百年以来死亡人数过千的七次大海啸

1. 1908年12月28日，意大利墨西拿地震引发海啸，震级7.5级，在近海掀浪高达12米。地震发生在当天凌晨5点，海啸中死难82000人，这是欧洲有史以来死亡人数最多的一次灾难性地震，也是20世纪死亡人数最多的一次地震海啸。

2. 1933年3月2日，日本三陆近海地震引发海啸，震级8.9级，是历史上震级最强的一次地震，引发海啸浪高29米，死亡人数3000人。

3. 1959年10月30日，墨西哥海啸引发山体滑坡，死亡人数5000人。

4. 1960年5月21日~27日，智利沿海地区发生20世纪震级最大的震群型地震，其中最大震级8.4级，引起的海啸最大浪高为25米。海啸使智利一座城市中的一半建筑物成为瓦砾，沿岸100多座防波堤坝被冲毁，2000余艘船只被毁，损失5.5亿美元，造成10000人丧生。此外，海浪还以每小时600~700千米的速度扫过太平洋，使日本沿海1千多所住宅被冲走，2万多亩良田被淹没，15万人无家可归。

5. 1976年8月16日，菲律宾莫罗湾海啸造成8000人死亡。

6. 1998年7月17日，非洲巴布亚新几内亚海底地震引发49米巨浪海啸，造成2200人死亡，数千人无家可归。

7. 2004年12月26日，印度尼西亚苏门答腊岛发生地震引发大规模海啸，造成15.6万人死亡，这是近200多年来死伤最惨重的海啸灾难。

趣味阅读

公元前5世纪的一天，一位隐居在西西里一座叫杰拉的小城的老人正在野外漫步，构思一部新的剧作。这时天上飞来了一只雄鹰，鹰爪里抓着一只大乌龟，不过这只乌龟把头缩进了壳子，令鹰无从下手。聪明的鹰想找块石头，把乌龟扔下去，壳儿砸个稀巴烂，这样就可以吃到肉了。鹰朝下一望，正好看见下面有一个东西在发光，它想这一定是块光溜溜的石头，便将爪一松，乌龟便从高高的天空带着风声砸将下去。鹰儿得意地想着，哈，马上可以吃到美味的龟肉了。很快，它便听到了一声闷响，随即是“哇”的一声惨叫……原来，鹰眼中那块光亮的石头并非石头，而是那位老人——当时希腊伟大的剧作家埃斯库罗斯光秃秃的脑袋。一位亘古少有的伟大剧作家就这样不明不白地死了，真是“祸从天降”啊！他死后被葬在了杰拉，他的墓碑上写着：

“墓碑下安睡着雅典人埃斯库罗斯，欧福里翁之子，

在丰饶的杰拉死亡战胜了他。

但马拉松的战场可以证明他的勇敢，

连长发的米底人也得承认。”

这是“悲剧之父”生前为自己写下的墓志铭。

思考与实践

1. 议一议

(1) 如何识别风险?

(2) 有哪些应对风险的办法?

(3) 如何检验应对风险办法实施的成效?

2. 练一练

(1) 下列选项中不属于风险基本要素的是 (　　)

A.风险因素　　B.风险损失　　C.风险受众

D.风险处理　　E.风险事故

(2) 下列风险要素中，使风险的可能性转化为现实性的是 (　　)

A.风险因素　　B.风险损失　　C.风险事故

3. 做一做

调查一下周围的人都关注哪些与自己相关的风险。

第二课 如何应对风险

名人名言

虽然世界多苦难，但是苦难总是能战胜的。

——美国女作家 海伦·凯勒

导言

一天，农夫的驴子不小心掉进枯井里，农夫绞尽脑汁想办法救出驴子，但几个小时过去了还是无济于事。最后，这位农夫决定放弃。他想这头驴子年纪大了，不值得大费周折去把它救出来，不过无论如何，这口井还是得填起来。于是农夫便请来左邻右舍帮忙一起将井中的驴子埋了，以免除它的痛苦。农夫和邻居们人手一把铲子，开始将泥土铲进枯井中。当这头驴子了解到自己的处境时，刚开始哭得很凄惨。但一会儿之后便安静下来了。农夫好奇地探头往井底一看，出现在眼前的景象令他大吃一惊：当铲进井里的泥土落在驴子的背部时，驴子将泥土抖落在一旁，然后站到铲进的泥土堆上面。就这样，很快地，这只驴子便得意地上升到井口。

在生命的旅程中，我们难免会陷入“枯井”里，被各式各样的“泥沙”压在身上，而摆脱困境的秘诀就是：将“泥沙”抖落掉，然后站到上面！在这个瞬息万变的时代，我们都应以积极乐观的生活态度去面对困境，并从中找到摆脱困境的方法，跳出“枯井”。

案例导入

自行车事故频发，危害加剧

一天中午放学后，初二年级的梁同学骑车横穿马路，正好与一名女同学相撞，女同学当场昏迷，被送到医院救治，花去医药费5000多元，面部也因此留下了疤痕。双方家长由此产生了严重的矛盾纠纷，最后只得由法院进行调解才得以解决。

在我国，由于经济水平等因素影响，加之自行车轻便、灵活、无污染、实用性强等特点，无论城市还是农村，自行车成为人们主要的代步工具之一。但是，自行车既有使用方便的一面，也有不稳定、危险性大的一面。骑车时注意力不集中，任意带人，载物超重，骑在路上摇摇晃晃，遇到障碍或堵塞不愿减速下车，与机动车争道抢行，不遵守交通法规，这种半是自信半是侥幸的态度导致了一幕幕交通事故惨剧的发生。

据调查，我国自行车交通事故导致的死亡人数占交通事故死亡总人数的三分之一，而学生又占据了自行车事故中伤亡人数的大半。

知识解读

风险管理

风险管理（Risk Management），是指经济单位透过对风险的认识、衡量和分析，以最小的成本取得最大安全保障的管理方法。

如何通过了解自行车事故发生的原因，以各种措施达到保护骑车同学的安全。

风险管理的基本程序

风险识别（Risk Identification），是指风险管理主体对所面临的风险及潜在风险加以判断、归类和鉴定性质的过程，这是风险管理的第一步，也是风险管理的基础。

大部分发生自行车事故的骑乘者没有认识到隐藏在他周围的风险，以至于没有采取任何降低风险发生可能的保护行为。

风险估测（Risk Estimation），是指在风险识别的基础上，估计、预测风险发生的概率与损失的程度。只有知道哪些风险更容易发生，哪些风险发生后的危害更大，我们才能选择更有利的保护措施。

在认识到可能会发生事故，即认识到风险存在的前提下，仍然需要更清楚地了解各种风险在不同的情况下事故发生的可能性有多大，每种风险事故的发生又会导致什么样的损失与危害。如在自行车道骑车与在步行道上骑车撞到人的概率是不同的；而高速骑车撞到人与正常速度骑车撞到人相比，高速骑车可能造成的伤害更大。

风险应对（Risk Processing），是指在进行前面两个步骤之后，采用风险管理方法对风险进行处理。

在骑车时，我们可以采取各种措施来保护自己，简单的如遵守交通规则，不在骑车时与同学打闹；经常检查修理自行车，防止出现刹车失灵等故障；骑车时佩戴保护头盔等护具，降低出现事故时的伤害。

风险管理的效果评价（The Evaluation of Risk Management Effectiveness），即对运用风险管理方法的效果进行分析、评估，对适用性不强的方法进行修改。被事实证明行之有效的措施要继续完善，不断提高对风险的控制。

风险管理的方法

预防（Prevention），在事情发生前采取措施，消除或减少风险事故发生的可能性。

如在骑车时集中注意力，不在规定的自行车道外骑车，控制骑车速度等。

抑制（Restraint），风险事故发生时采取措施，防止损失的扩大。

如佩戴护具。自行车事故中有近一半的严重伤亡是由于头部受撞击引起的，因此头盔可以大幅度减轻事故中的损伤。

自留（Retention），自己承担全部风险损失。

如果你对所有的劝阻建议都无动于衷，那么只能说你把所有可能的风险都最大化地留给了自己。

转移（Transfer），为避免承担风险损失，有意识地将风险或与风险损失相关的后果转移出去。

最直接的办法是买一份意外保险来转移可能会出现的经济损失。

保险是风险转移的一种方式。通过购买保险，可以将风险转移给保险公司。

避免（Avoidance），放弃某种活动以达到回避风险损失的目的。

当然，不骑车是最好的避免方法，但这并不能完全避免被骑车人撞到的意外。

资料卡

（一）不良的交通习惯

1. 不走人行横道，不靠路右边走，随意横穿马路。
2. 不注意道路和车辆信号，不服从交通管理。

3. 在车行道、桥梁、隧道上追逐、玩耍、打闹。
4. 穿越、攀登、跨越道路隔离栏。
5. 在铁路轨道上行走、玩耍。
6. 横穿铁路和钻火车。
7. 不听从铁道口管理和信号管理。

（二）中学生骑自行车的问题

1. 未满12岁的儿童独自骑车。
2. 在人行道、机动车道骑车，骑车逆行。
3. 骑车横冲直撞、争道抢行，与机动车抢道。
4. 转弯不减速，不打手势。
5. 在路口闯红灯。
6. 骑车双手离把。
7. 追逐打闹，三五并行。
8. 手攀机动车行驶，紧跟机动车行驶。

阅读资料卡

80万中学生自行车贴反光标预防交通事故

自2008年11月4日起，北京市交通管理局联合北京市教委开始向北京市80万中学生免费发放自行车反光标识，为“起早贪黑”上下学的同学们提供一份安全保障。统一的反光标识只有火柴盒大小。标识贴在自行车的尾部，夜间遇有灯光照射时就会反射光，引起机动车驾驶员的注意。

日本学生骑车上学要办骑车证

在日本，学生骑车上学是很普遍的，因骑车引起的交通事故也屡见不鲜。为了提高骑车人的骑车道德和防止交通事故的发生，日本不少地区都要求骑车上学的学生办骑车证。

日本自行车数量并不少，很多中小学生上学都是先骑自行车到车站附近后再乘城铁或地铁去学校。因此，城铁和地铁车站四周摆满了自行车，因自行车引起的交通事故也逐年增加。据日本警察厅统计，2005年日本全国发生的与自行车有关的交通事故超过了18万起，其中因骑车人没有遵守交通法规而导致行人受伤的事故达2500多起，这个数字是10年前的近5倍。所以，加强对骑车人的管理和骑车道德教育已经刻不容缓。骑车要办骑车证，日本恐怕是世界上唯一这样做的国家。

趣味阅读

鼻子、嘴唇、耳朵投保

英国著名香水配制专家菲利朗，可以分辨出2500种不同的香味，还能根据客户喜爱的花卉、食物的气味，配制出最适合其性格、气质的香水。为了保护他如此“敏感”的鼻子，他向保险公司投保了500万美元的意外保险，不管他将来发生意外失去鼻子还是失去嗅觉，都将获得这笔巨额保险赔偿金。

英国的密利斯·戴维斯是世界著名的小号演奏家。他把自己的双唇视为珍宝，担心频繁的演奏会使自己的嘴唇受伤，为此投保了50万美元的保险。

法国人彼得利克有一对非常敏锐的耳朵，能够辨别连仪器都觉察不到的声响，他进行的声学测量比现代化的仪器还要精确。他为自己罕见的耳朵投保，保险金额高达150万法郎。

思考与实践

1. 议一议

(1) 你知道保险是什么吗?

(2) 保险又有哪几种呢?

(3) 保险有什么特点使得其可以为我们提供服务?

2. 练一练

(1) 上学、放学途中会遇到哪些风险? 我们应如何应对?

(2) 下面哪个选项是对风险管理的最正确理解　(　　)

A.以一定成本取得安全保障的管理方法

B.以最大成本取得最小安全保障的管理方法

C.以最小成本取得最大安全保障的管理方法

D.以最优成本获得最大收益的管理方法

(3) 保险属于哪种风险管理的方法　(　　)

A.自留　　B.转移　　C.回避　　D.预防　　E.抑制

3. 做一做

调查周边的人面对日常遇到的风险都采取了哪些预防措施，结果如何。

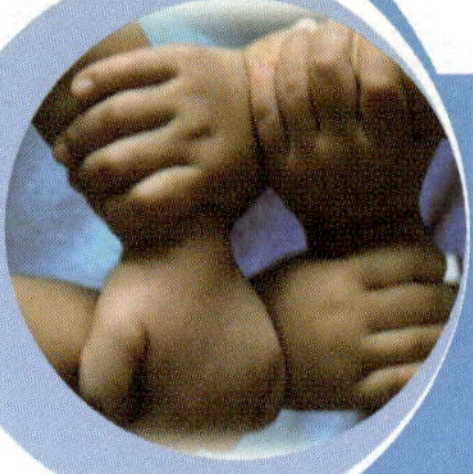

第三课 保险的种类与特征

名人名言

如果我办得到，我一定要把保险这两个字写在家家户户的门上，以及每一位公务员的手册上。因为我深信，通过保险，每个家庭只要付出微不足道的代价，就可免遭万劫不复的灾难。

——英国前首相 丘吉尔

导 言

鲁迅先生曾说过，“‘一劳永逸’的话，有是有的，而‘一劳永逸’的事却极少……”的确，在现实生活中，还没有哪一种保险可以称为“万全之策”。每个人都有属于自己的人生，而保险也分不同的种类，或是根据经营目的，或是根据保障对象进行分类，所以我们通常会看到很多的保险组合。如何更深入地了解保险，了解保险的种类、特征和作用，这正是本课要给大家介绍的内容。

案例导入

“泰坦尼克”号海难

1912年4月14日，20世纪初世界上最大的客轮——英国大型豪华客轮“泰坦尼克（Titanic）”号在从英国南安普顿（South Ampton）出发驶往美国纽约（New York）的首航途中，在加拿大纽芬兰岛附近海域与冰山相撞，被称为是“永不沉没的船”在短短两个小时后全部沉入海底，船上1500多人遇难，仅有约700人幸免于难。此次海难是20世纪初最严重的一次航海事故。

2009年5月31日，“泰坦尼克”号最后一名幸存者英国人米莉维娜·迪恩逝世，享年97岁。“泰坦尼克”号沉没时迪恩才刚出生9个星期，然而自从8岁时从母亲口中得知自己的这一经历后，她便不断地向别人讲述与“泰坦尼克”号有关的故事。

“泰坦尼克”号的赔偿

海难发生后，英国保诚保险公司（现为英国保诚集团）为受难的324名投保人及家属及时地提供了经济补偿，共偿付了1万4千多英镑。“泰坦尼克”号是一场不折不扣的灾难，至今，在保诚集团的档案馆里仍保存着这次灾难事件的很多资料。“泰坦尼克”号在开航前还向英国劳合社承保船舶的辛迪加（Syndicate）投了保。沉船事件发生后，所有的承保人都在较短的时间内支付了赔款。在不到两个月的时间里，劳合社的赔付金额为：“泰坦尼克”号的船壳和机器100万英镑，其他附加险40万英镑，共计140万英镑。这一数额现在看来虽不大，但在90多年前却是劳合社最大的一笔赔款了。

“泰坦尼克”号

“泰坦尼克”号是由英国白星航运公司（White Star

Line）制造的一艘巨大豪华客轮，也是当时世界上最大的豪华客轮，曾被称为是“永不沉没的船”。“泰坦尼克”号共耗资7500万英镑，吨位46328吨，长882.9英尺，宽92.5英尺，从龙骨到四个大烟囱的顶端有175英尺，高度相当于11层楼，是当时一流的超级豪华巨轮。

1997年“泰坦尼克”号海难被改编成电影，上映后轰动全球。超过两亿美元的预算为电影《TITANIC》带来了18亿3540万美元的总票房收入，成为全球单部最卖座影片的头名。

“泰坦尼克”号海难带给我们的启示

1. 风险无处不在

即使是号称“永不沉没”的巨型客轮也会在首航中遭遇海难，风险不可预测。

2. 投保的作用

在海难发生后，保诚保险公司向曾投保的遇难人员家属及时支付了补偿金，虽然这并不能挽回失去的所有损失，但却可以帮助遇难人员的家属维持正常生活，而劳合社向航运公司支付的赔偿金也可弥补其部分损失。

知识解读

保险

保险（Insurance），一般是指人们通过缴纳保险费，建立共同的保障基金，当风险事故发生时，人们可以从中获得经济保障的一种机制。

保险通常分为商业保险和社会保险两大类。

商业保险（Commercial Insurance），由保险公司提供，主要包括人身保险和财产保险，靠市场机制运行，可以为人们提供多方面保障。

案例中保诚保险公司与劳合社所提供的保险便是属于商业保险。

社会保险（Social Insurance），是国家通过立法，对劳动者暂时或永久丧失劳动能力，或退休或失业时，提供的基本保障。在第九课将会有具体讲解。

	商业保险	社会保险
经营主体	保险公司	由国家成立的专门性机构
经营目的	通过为社会提供风险保障服务，实现企业的盈利目标	不以盈利为目的，为人们提供基本保障
实施方式	依照平等自愿的原则，由企业和个人自愿投保（强制险除外）	根据国家立法强制实施
实施对象	符合承保条件的任何人	法定范围内的社会成员

商业保险的种类

财产保险 (Property Insurance)，是以物质财产及其有关利益、责任和信用为保险标的的保险。

人身保险 (Personal Insurance)，是以人的生命和身体为保险标的的保险。包括人寿保险 (Life Insurance)、健康保险 (Health Insurance) 和意外伤害保险 (Accident Death & Dismemberment Insurance)。

保险的特点

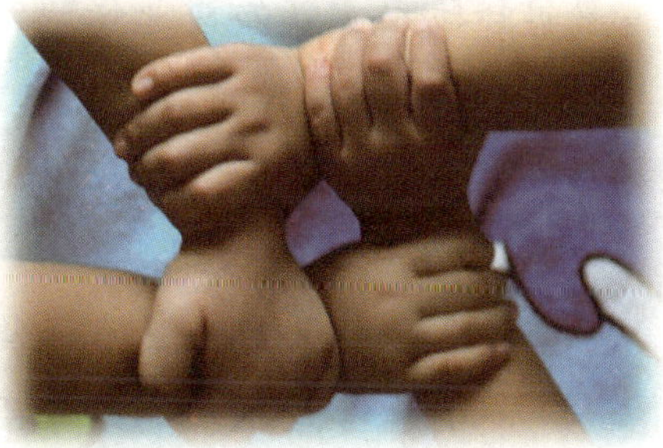

互助性，保险具有“一人为众，众人为一”（One for all, all for one）的互助性特点。在一定条件下，保险是由群体分担个体的风险，从而形成了一种经济互助关系。

科学性，保险以概率论等学科的理论和方法为基础，具有科学性。

经济性，从经济的角度来说，保险主要是对风险事故的损失进行分摊的一种经济保障制度和手段，是一种经济保障活动。

法律性，从法律角度看，保险是一种合同行为，合同双方受法律保护和规范。

保险的功能

经济补偿功能（Indemnity Function），保险进行经济补偿可以分散风险，为人们提供保障。

资金融通功能（Financial Function），现代保险机构通过汇聚社会资金，既为经济发展提供经济来源，又是资本市场重要的机构投资者。

社会管理功能（Social Administration Function），保险可以有效减少社会发展中的不安定因素，促进经济社会的协调和社会各领域的正常运转、有序发展。

资料卡

《中华人民共和国保险法》第二条：本法所称保险，是指投保人根据合同约定，向保险人支付保险费，保险人对于合同约定的可能发生的事故因其发生所造成的财产损失承担赔偿保险金责任，或者当被保险人死亡、伤残、疾病或者达到合同约定的年龄、期限等条件时承担给付保险金责任的商业保险行为。

《中华人民共和国保险法》第十二条：人身保险的投保人在保险合同订立时，对被保险人应当具有保险利益。

财产保险的被保险人在保险事故发生时，对保险标的应当具有保险利益。

人身保险是以人的寿命和身体为保险标的的保险。

财产保险是以财产及其有关利益为保险标的的保险。

被保险人是指其财产或者人身受保险合同保障，享有保险金请求权的人。投保人可以为被保险人。

保险利益是指投保人或者被保险人对保险标的具有的法律上承认的利益。

阅读资料卡

2008年我国保险业基本情况

伴随经济迅猛发展，中国保险市场业务规模迅速扩大，保费收入迅速增长。1980年全国保险保费收入仅为4.6亿元，2008年全国实现保险保费收入9784.1亿元，年均增长超过30%，是2002年以来增长最快的一年。保险资金运用余额3.1万亿元，较年初增长14.3%。2008年我国财产险保费收入2336.7亿元；寿险保费收入6658.4亿元；健康险保费收入585.5亿元；意外险保费收入203.5亿元。保险业的经济补偿功能得到积极发挥，2008年，保险赔款和给付支出2971.2亿元，其中，财产险业务赔款1418.3亿元；寿险业务给付1315亿元；健康险业务赔款和给付175.3亿元；意外险业务赔款62.6亿元。

截至2008年底，保险业总资产超过3.3万亿元，保险公司数量达130家，从业人员322.8万人。

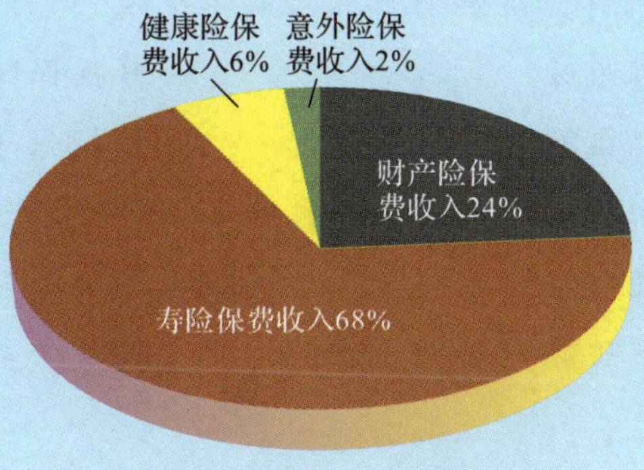

2008 年全国各项保费收入基本情况

趣味阅读

比萨合同

1347年订立的比萨合同，可以称得上是最古老的现代意义上的保险合同。这张保险单内容是承保从法国南部的阿尔兹至意大利比萨的一批货物和运输风险。1397年，佛罗伦萨出现的保单已经有承保“海上灾难、天灾、火灾”等字样，当时的保险合同如同其他商业合同一样，是由专业人士起草的。据一位意大利的律师调查，1393年，有位热那亚人一年就起草了80多份保险单。这个时期，意大利在海上保险中独领风骚。莎士比亚在《威尼斯商人》中就写到海上保险及其种类。第一家海上保险公司也于1424年在热那亚出现。

思考与实践

1. 议一议

（1）日常生活中我们会遇到哪些意外的伤害？

（2）你有没有购买针对学生的保险，如果有，是什么保险？

2. 练一练

（1）简述保险人与投保人的权利和义务。

（2）保险分为人身保险和财产保险的依据是　　（　　）

A.按保险性质分　　B.按保障的主体分

C.按是否以盈利为目的分　　D.按保险标的分

（3）“减少经济纠纷，稳定社会秩序”，体现了保险的哪一作用　　（　　）

A.保障功能　　B.经济补偿功能

C.社会管理功能　　D.资金融通功能

3. 做一做

调查亲友有没有购买保险，是什么类型的保险，保障什么。

第四课　意外伤害保险与学生保险

名人名言

应当赶紧地，充分地生活，因为意外的疾病或悲惨的事故随时都可以突然结束他的生命。

——《钢铁是怎样炼成的》

导言

中学阶段，大家对世界充满无穷无尽的想象和好奇，但正是这个阶段，对风险的抵御能力比较薄弱。在日常生活中，难免会遇到各种外来的、突然的风险，使我们的身体遭受伤害，财产遭受损失。我们应如何应对呢？

案例导入

在校发生意外，学平险起作用

某中学上体育课，教师组织学生踢足球，守门员小明在扑球时不幸头部重重地撞到了球门柱上，当即昏迷不醒。在医院进行了数小时的抢救，但最终还是抢救无效身亡。家长要追究学校的责任，法院裁决学校没有过错，本次事故纯属意外。由于小明曾在校投保过学生平安保险和意外伤害保险，经保险公司核保后，为其家属按照合同约定进行相应赔付，包括医药费及意外死亡的约定赔付。

知识解读

意外伤害保险

意外伤害（Accidental Injury），是指因意外导致身体受到伤害的事件。在保险领域，意外伤害是指外来的、突发的、非本意的、非疾病的使身体受到伤害的客观事件。其含义包含两层意思：必须是对人身体的伤害，必须是意外事故所致。

小明在扑球时头部撞到门柱符合意外伤害的几项基本约束条件：外来的、突发的、非本意的、非疾病的使身体受到伤害。

意外伤害保险（Accident Death & Dismemberment Insurance），是指被保险人由于意外原因造成身体伤害或导致残废、死亡时，保险人按照约定承担给付保险金责任的人身保险。

小明因意外伤害直接导致死亡，符合意外伤害保险可保范围，故理应予以赔付。

意外伤害医疗保险（Accidental Medical Insurance），是被保险人遭受意外伤害支付医疗费时，保险公司根据医疗情况报销医药费的保险。

几种常见学生保险

学生幼儿平安保险：是保险公司专门为学生（包括幼儿园幼儿）设计的一种一年期综合商业保险。该保险一般包含有意外医疗保险、住院医疗保险、意外伤害保险和重大疾病保险，可报销学生因疾病、意外产生的部分医药费用，并可给付意外身故、残疾和重大疾病保险金。

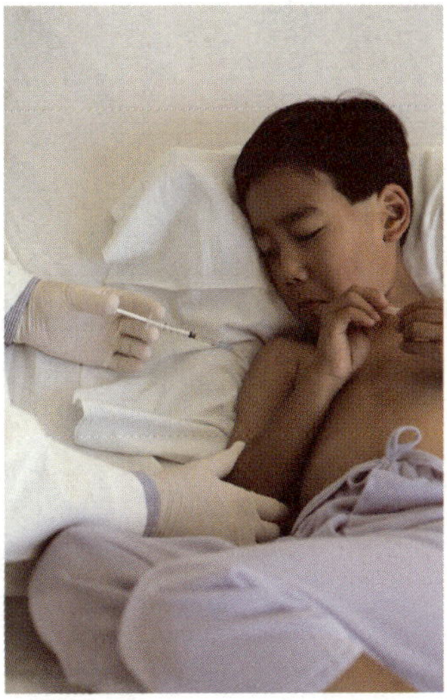

少年儿童大病医疗保险：是劳动和社会保障部门专门为少年儿童推出的一种社会保险。该保险主要解决城镇学生及婴幼儿住院治疗的医疗费用问题。

校方责任保险：是保险公司专门为学校设计的一种商业责任保险。学校在教育教学活动中，由于种种原因导致学生人身伤害或死亡，依法需要学校承担全部或部分直接经济赔偿责任时，由保险公司承担相应的赔偿责任。

资料卡

《关于建立北京市城镇无医疗保障老年人和学生儿童大病医疗保险制度的实施意见》规定指出：学生儿童大病医疗保险主要用于支付住院医疗费用，以及恶性肿瘤放射治疗和化学治疗、肾透析、肾移植后服抗排异药、血友病、再生障碍性贫血的门诊医疗费用。学生儿童大病医疗保险基金的起付标准为650元。起付标准以上部分由学生儿童大病医疗保险基金支付70%，在一个医疗保险年度内累计支付的最高数额为17万元。

阅读资料卡

我国意外伤害统计

根据我国疾病监测和伤害流行病学调查结果表明：我国每年有4000万中小学生遭受各种伤害，其中需要门诊或急诊治疗1360万人，住院335万人，120万人正常功能受损，40万人因伤害造成残疾。我国中小学生因交通事故、建筑物倒塌、食物中毒、溺水、治安事故等死亡的人数，平均每天有40多人，相当于每天有一个班的学生消失！触目惊心的数字敲响了校园安全警钟！有资料显示，52%的意外伤害发生在家庭。由此可见，对家长及孩子进行预防儿童意外伤害的教育已迫在眉睫。

儿童意外伤害的危险因素主要包括个人、家庭和社会三个方面。意外伤害个案的发生与儿童心理、生理发育有着密切的关系。其发生原因多与玩耍和运动有关，而他们在玩耍或运动时根本想不到可能会有意外伤害发生。儿童因为其自控能力较差、遇事容易慌张、喜欢冒险等特点，可能无法判断到一些潜在的危险，在遇到危险时也不能像成年人那样从容自若。他们缺乏一种自觉的防护心理，缺乏事故安全防范意识，容易引起某些常见的意外伤害。

家长的疏忽大意、缺乏安全教育、急救系统不健全、居室布局或物品放置不合理等都可能导致儿童受伤或死亡。儿童意外伤害造成残疾，给家庭和社会保障都带来巨大压力。为此，国家计生部门大力开展各类形式多样、内容丰富的儿童安全知识教育和社会宣传，旨在在全社会建立一个防止意外伤害的自然保护体系。

趣味阅读

世界体坛天价保单

在参加2002年世界杯前，英国足球巨星贝克汉姆为了避免比赛中受伤而导致的经济损失，为自己的“金脚”下了1.5亿美元的投保。让这位任意球高手出手如此阔绰的原因，是他之前在2001~2002年欧洲足球冠军杯赛事时被对方球员铲伤，这次恶意犯规险些毁了贝克汉姆的世界杯之旅。而2006年底，贝克汉姆将自己的人身保险金额提高到了2亿美元，这一数字甚至超过了雅典奥运会的总保险金额。

F1方程式赛车被称为最具风险性的运动之一，作为车坛的一代领军人物，舒马赫在2004年为自己投保了5.8亿美元的人身保险，单单手臂受伤保险公司就要赔付1500万美元。

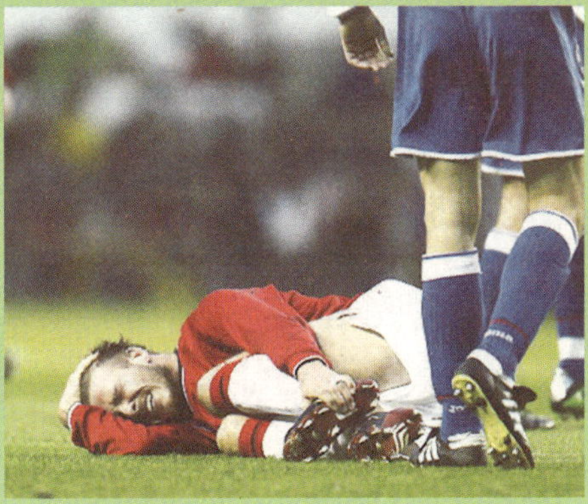

思考与实践

1. 议一议

(1) 在日常生活中，如何预防意外？

(2) 还有什么问题可以运用保险来解决？

(3) 发生意外后，如何进行索赔？

2. 练一练

(1) 举例说明生活中都会遇到哪些意外伤害。

(2) 意外伤害保险赔偿范围包括 ( )

A.死亡 B.划破 C.截肢 D.肺炎 E.胃炎

(3) 能转移学校责任风险的保险是 ( )

A.意外伤害保险　　　　　　　　B.意外伤害医疗保险

C.汽车保险　　　　　　　　　　D.校方责任保险

E.第三者责任保险

3. 做一做

案例辨析：气死是不是意外？

2004年5月6日，张某因患心肌梗塞到某医院住院治疗，入院时与保险公司签订了《住院病员医疗责任及人身意外伤害保险单》。保险单中约定，病员在保险有效期间因意外伤害事故或医疗事故导致死亡的，保险公司给付保险金额1万元。过了一段时间，张某病情稳定准备出院，却因关灯琐事与同室患者发生争执而生气，猝然死亡。张某之子即向保险公司索赔，却因死亡不属保险责任而遭拒绝。

问题：

(1) “气死人”是不是侵权行为？要不要负法律责任？

(2) “气死人”是否可以要求责任人赔偿？

(3) “气死人”是否属于意外伤害？保险公司是否应该赔付？

第五课　保险与医疗保障

名人名言

到目前为止，我没有发现有哪一种方法，比购买人寿保险更能有效地解决企业的医疗财务问题。

——美国微软公司创始人之一　比尔·盖茨

导言

在美国有位叫爱丽丝的老太太，在检查出自己患有癌症后去保险公司买了一份特殊保险，保险合同约定老太太每多活一年都可以领取一定数额的保险金。老太太用每年的保险金来支付自己的医药费用，并凭着对这份保险的信念活了长达二十几年之久。

面对现在高昂的医药费用，很多人在疾病面前十分无助。而健康保险可以为患者解决一定的费用问题，使患者可以及时就医。虽然与美国相比，我国的保险业发展还不成熟，上文的例子在我国还不太适用，但这足以表明健康保险在人们生活中的重要作用。因此，我们应该正确地认识健康保险。

案例导入

因病致残获高额赔款

几年前，已经步入中年的陈先生在某人寿保险公司购买了人身保险。后来，陈先生被确诊为结肠癌，该公司按照保险合同，当即给付重大疾病保险赔款40万元。同时豁免以后各期的保险费，合同继续有效。

由于陈先生因结肠癌已发生骨转移，进行了手术，术后右下肢畸形，活动受限，长期住院，便再次向保险公司提交了身体高度残疾的理赔申请。保险公司确认被保险人已达到高残赔付标准，又支付陈先生赔偿金120万元。陈先生累计获得保险公司给付赔款160万元。

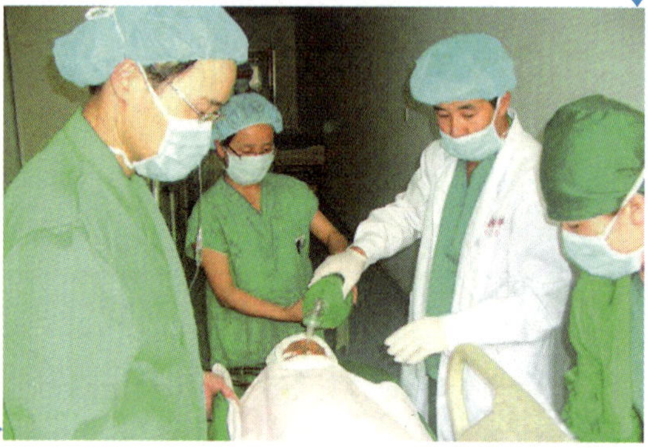

知识解读

健康保险

健康保险（Health Insurance），是以人的身体为对象，保证被保险人在患病或意外事故所致医疗费用支出，或因疾病所致残疾或死亡，或因疾病而不能工作导致收入的减少得到保险公司补偿的一种商业保险。

健康保险是解决医疗费用的好方法。如果一个人有健康保险（尤其是医疗保险），那么他（她）在患病时，住院或动手术的医疗费用支出，和患病期间不能工作导致收入的减少，将得到保险公司充分的补偿。

健康保险的种类

商业医疗保险（Commercial Medical Insurance），补偿由于疾病或意外事故而发生的医疗费用。就健康保险而言，医疗保险是医疗费用保险的简称，它提供医疗费用的保障，是健康保险的主要内容之一。其主要作用是，当被保险人发生医疗费支出时，可得到经济上的帮助，医疗费主要包括门诊费、药费、住院费、护理费、医院杂费、手术费和各种检查治疗费等。

失能收入损失保险（Disability Income Insurance），是指以因保险合同约定的疾病或者意外伤害导致工作能力丧失为给付保险金条件，为被保险人在一定时期内收入减少或者中断提供保障的保险。

疾病保险（Disease Insurance），以保险合同约定的疾病的发生为给付保险金条件的保险。

长期护理保险（Long-term Health Care Insurance），指以因保险合同约定的日常生活能力障碍引发护理需要为给付保险金条件，为被保险人的护理支出提供保障的保险。

如案例中分析所述，如果陈先生在住院期间需人看护，在购买相应保险产品的情况下，可得到护理费用的补偿。

社会医疗保险

社会医疗保险（Social Medical Insurance），国家通过立法强制缴纳医疗保险费，当个人因伤或因病需要医疗救治时，由医疗保险机构提供费用补偿或医疗服务的社会保险制度。这是一种针对特定限制人群所开设的法定保险。

资料卡

医疗保险的种类

种　类	介　绍
普通医疗保险	为被保险人提供治疗疾病的一般性医疗费用，包括门诊费用、医药费用、检查费用等
住院保险	主要保障每天住院的床位费用、住院期间医生费用、使用医院设备费用、手术费用、医药费用等
手术保险	提供因病人需做手术而发生的费用
综合医疗保险	是一种全面的医疗费用保险，包括医疗和住院、手术等一切费用
特种疾病保险	为某些特殊疾病如癌症、心脏病治疗产生的费用提供保险

阅读资料卡

中小学生几种常见疾病及预防

近视

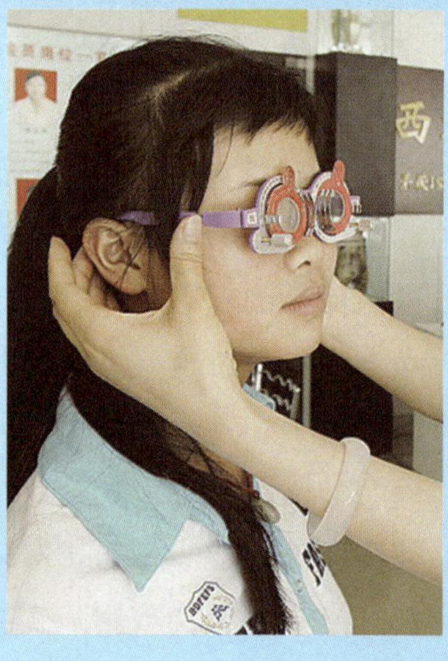

据统计，小学生的近视眼患病率在30%~40%，初中生为40%~50%，高中生的患病率则在60%以上。一旦近视，对学习、工作都会造成一定的妨碍。爱护双眼，正确用眼才是预防近视的良方。

预防注意点：用眼不可过劳，近距离用眼，需要间歇性休息，看电视时距离起码在1米以外，1米半以上最好；照明亮度要适中，同时保证充足的营养和睡眠；定期检查视力。

龋齿

学生最常见的口腔疾病莫过于龋齿，也就是虫牙。其实，虫牙里面并没有虫子，而是因为咀嚼食物后没有及时刷牙漱口，食物残渣在细菌的作用下，发酵、产酸，侵蚀牙齿使牙齿脱钙、软化，进而慢慢形成空洞。据统计，我国儿童的乳牙龋齿患病率为80%~90%，恒牙患病率为40%。

预防龋齿的方法主要有三点：

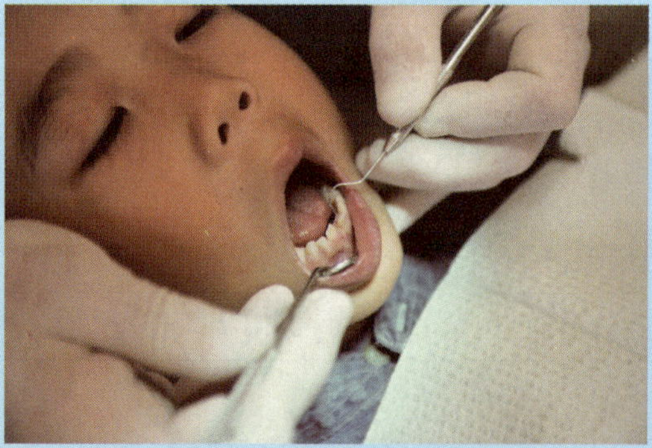

(1) 使用含氟牙膏。这种牙膏可以使牙齿更加坚固、抗酸，可以抑制细菌，还能增加牙齿再矿化能力。经过科学论证，长期使用含氟牙膏对身体没有任何不利因素，是一种安全的护牙方法。

(2) 窝沟封闭方法。这是防止龋齿的最佳方法。每个人的后牙（磨牙）咬合面上总有一些深浅不一的沟，那就是窝沟。窝沟封闭是在这些容易生长龋齿的地方提前填满高分子树脂，隔绝外来的致龋因素。

(3) 早期填充。发现了浅龋后应该尽快到医院进行填充治疗。

沙眼

沙眼是儿童和青少年常见的慢性传染性眼病。沙眼只是一种形象的称呼，实际上沙眼是病睑结膜粗糙不平形似沙粒。据统计，全国有1.2亿沙眼患者，中小学生的沙眼患病率已达21.2%。沙眼是致盲的重要原因，所以预防尤为重要。

沙眼预防的注意事项：

千万不要养成用手揉眼的恶习。如果实在感到眼痒，可用干净的纸巾或手绢擦拭。

勤洗手。抹上肥皂后应该洗一会儿，还要注意手指缝、指甲缝的清洁。

人类健康新标准

世界卫生组织（WHO）提出了人类新的健康标准，这一标准包括肌体健康和精神健康两部分，具体可用“五快”（肌体健康）和“三良好”（精神健康）来衡量。

“五快”是指：

(1) 吃得快：进餐时，有良好的食欲，不挑剔食物，并能很快吃完一顿饭。

(2) 便得快：一旦有便意，能很快排泄完大小便，而且感觉良好。

(3) 睡得快：有睡意，上床后能很快入

睡，且睡得香，醒后头脑清醒，精神饱满。

（4）说得快：思维敏捷，口齿伶俐。

（5）走得快：行走自如，步履轻盈。

“三良好”是指：

（1）良好的个性人格。情绪稳定，性格温和；意志坚强，感情丰富；胸怀坦荡，豁达乐观。

（2）良好的处事能力。观察问题客观、现实，具有较好的自控能力，能适应复杂的社会环境。

（3）良好的人际关系。助人为乐，为人和善，待人热情。

另外还可以从下面三方面进行衡量：

（1）学习工作——轻松完成脑力和体力工作。

（2）远离疾病——没有疾病迹象和症状。

（3）长寿——健康的一生。

趣味阅读

树上保险公司

在美国，有一家保险公司名叫“树上保险公司”，它别出心裁地开设在一棵数人合抱的百年大树上。公司的员工上下班可以乘坐专用电梯，但前来参加保险的投保人，则必须顺索攀登。原来，树上保险公司认为，这样做首先对投保人的健康状况进行了独特的测试，只有健康状况良好的人才有足够的力气攀上树顶；其次，对投保人的心理也做了一个小测试：能够坚持到底的人，对投保是诚心诚意的，中途退保的可能性也比较小。正如该公司经理托克尔所说“好奇是许多人的天性”，树上保险公司的异想天开吸引了众多的客户，一时间，树前人头攒动，大家纷纷要求攀登投保，树上保险公司门庭若市，生意兴隆，名声大振。

思考与实践

1. 议一议

(1) 疾病尤其是重大疾病对个人和家庭的影响。

(2) 看病的重要支出包括哪些方面？

(3) 获得医疗费用有哪些比较好的途径？

2. 练一练

(1) 下面选项中不属于健康保险的是　　(　　)

A.医疗保险　　B.疾病保险　　C.家庭保险　　D.失能收入保险

(2) 下列选项中对医疗保险的理解最为准确的是　　(　　)

A.医疗保险只提供医疗费用补偿

B.医疗保险只提供患病导致的收入损失补偿

C.医疗保险只提供重大疾病导致的医疗费用支出和收入损失补偿

D.医疗保险既提供医疗费用补偿，也提供收入损失补偿

3. 做一做

调查一下周围的人的健康状况和购买健康保险的情况。

第六课　保险与养老保障

名人名言

我国人民对这个国家现在及前途充满信心的最佳证据是上千万的人民都拥有人寿保险。

——美国前总统　艾森豪威尔

导言

老王跟老李一起来到天堂。老王非常惊讶地发现：自己住的是简易标准间，对面的老李却住着豪华套房；老王每天要自己洗衣服，自己做饭，而老李有专人服务，吃得比他好，穿得也比他漂亮。老王很生气，去上帝那里投诉："为什么都是一样的人，差距却那么大？为什么我们俩都是一起进来的，而享受到的待遇却有天壤之别？"上帝沉默了一会儿，说："那没办法，因为老李有养老保险。"

案例导入

老有所养，该由谁来养

“养儿防老”是中国传统的养老方式，然而“4-2-1”的家庭结构已经对这种传统的养老模式发起挑战。根据第五次全国人口普查的数据，平均每个家庭户的人口数量为3.44人，比第四次全国人口普查的户均3.96人减少了0.52人。一方面逐渐形成家庭“4-2-1”人口结构，新一代独生子女将要承担赡养多位老人的重担；另一方面，两代人组成的核心家庭比例不断增加，传统的家庭养老保障受到严重的削弱。

2004年，我国60岁以上的老龄人口超过1.45亿，占人口总数的11%，我国人口结构已经进入老龄化社会，并且老龄化步伐还在不断加快。到2008年，60岁以上的老龄人口所占比例已经增加到了12%。

随着老龄人口的快速增加，“老有所养”已经成为社会关注的一个焦点，我们该怎么养老成为今天必须要考虑的问题。

知识解读

养老保险

养老保险（Pension），又称老年保险或年金保险，是指个人缴纳养老保险金或购买商业养老保险，在达到相关规定的年龄界限，或因年老丧失劳动能力的情况下，能够依法获得经济收入、物质帮助和生活服务的保险制度。

养老保险的特征

1. 保障水平的适度性；
2. 享受待遇的长期性；
3. 保障方式的多层次性；

4. 家庭养老的关联性。

养老保险体系组成

养老保险就其保险范围、保险水平、保险方式的不同，又可分为基本养老保险、企业年金和商业养老保险。

基本养老保险（Basic Pension），是国家根据法律、法规的规定强制建立和实施的一种社会保险制度，在这一制度下，用人单位和劳动者必须依法缴纳养老保险费，在劳动者达到国家规定的退休年龄或因其他原因而退出劳动岗位后，社会保险经办机构依法向其支付养老金等待遇，从而保障其基本生活。基本养老保险与失业保险、基本医疗保险、工伤保险、生育保险等共同构成现代社会保险制度，并且是社会保险制度中最重要的险种之一。

企业年金（Corporate Annuity），是指企业在满足社会统筹的社会基本养老保险的基础上，为补充基本养老保险的不足，帮助企业员工建立的超出基本养老保险以上部分的一种养老形式。

商业养老保险（Individual Pension），是通过保险公司，由职工根据个人收入情况自愿参加，缴付保费的一种养老保险形式。

资料卡

养老保险制度的历史沿革

自有文字记载，人类养老的制度安排经历了几千年。这段漫长的历史大致可以分为家庭养老阶段、国家养老保险阶段、社会养老保险阶段三个阶段。每个阶段都有其不同的养老模式。

1. 家庭养老阶段

家庭养老，即由家庭承担赡养老人的功能。这是一种双向的两代人之间收入转移支付的家庭抵御社会风险的机制，是一种非正规的社会保障制度。这种机制具有成本低、方法灵活、适应性强的特点，在

发展中国家至今仍是人们抵御社会风险的主要形式。但不可否认，这种家庭养老机制具有很大的不稳定性，家庭主要劳动力的病残或者子女的早逝都可能导致家庭养老保障机制的瓦解。

2. 国家养老保险阶段

工业革命带来了经济、政治、社会、法律和人口结构的改变，在工业化国家，家庭养老保障制度首先开始瓦解，家庭养老向新的模式转换。但转换的只是养老保险制度，家庭养老保障在全部养老保障体系中的作用仍不可替代。现代意义上的国家养老保险开始于德国，劳动者在职时缴费并得到承诺在年老后可以得到退休金。

3. 社会养老保险阶段

20世纪70年代以后，发达国家的国家养老保险模式先后遇到问题，人口年龄结构的变化使现收现付模式面临入不敷出的窘境。就此，各国纷纷进行改革，在改革原有的养老保险体系的基础上，调动企业、劳动者的积极性，建立各种类型的补充养老保险制度，最终形成基本养老保险、补充养老保险、个人资源储蓄养老保险等多支柱体系的社会养老保险模式。

阅读资料卡

人口老龄化

人口老龄化（Population of Aging）指的是老年人口在总人口中比重的提高过程，是一种人口年龄结构的变化。按照国际通行的标准，60岁以上的老年人口或者65岁以上的老年人口在总人口中的比重超过

10%或7%，即可看做进入了老龄化社会。中国已于1999年进入老龄化社会。2008年我国65岁及以上人口占全国总人口的比重达到8.3%，人口老龄化仍处于快速发展阶段。

从全球范围看，欧洲和日本的人口老龄化程度最严重。2006年，65岁及以上老年人口所占比重较高的国家如图所示：

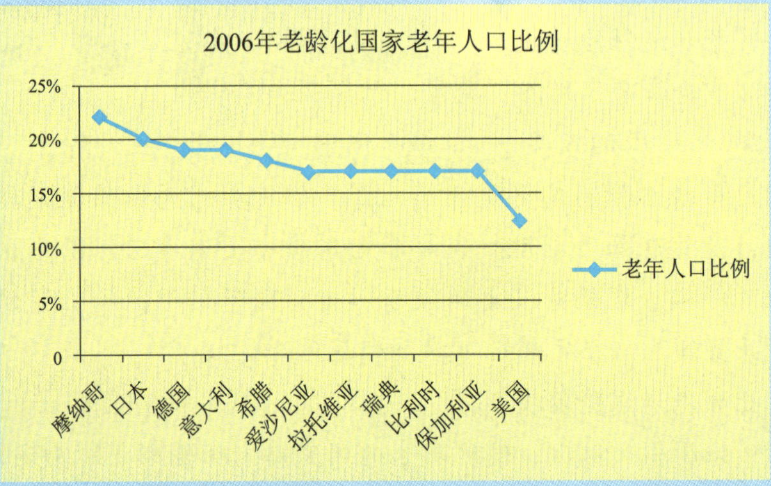

联合国经济和社会事务部发表的《2007年世界经济和社会调查报告》显示，由于人口出生率下降和寿命增加，全球大多数国家正迅速进入老龄化。从2005年到2050年，世界人口增加的一半为60岁以上的老年人，80岁以上人口将从9000万增加到4亿。目前，发达国家老年人的比例已高达21%，发展中国家只有8%，但按数量来说，63%的老年人生活在发展中国家。

趣味阅读

欧美中产家庭的"以房养老"

"以房养老"是欧美国家在20世纪就开始兴起的一种退休养老方式，近一两年也慢慢引起国内人们的注意。所谓"以房养老"，实际上是一种住房的反向抵押贷款保险，是指有现金需求的老年人（一般要求62岁以上）向银行或保险公司抵押自住房产的产权，银行或保险公司根据投保人的年龄、预期寿命、房屋的价值、未来的增值折损情况及借款人去世时房产的价值进行综合评估，按月或年支付定量的保险金给投保人，一直延续到投保人去世。

银行或保险公司可以在投保人去世后正式获得房屋的产权，用于销售或者出租，同时享有房产的升值部分。这笔保险金可以用一次性现金的方式、信用额度的方式或按月领取的方式支付。房主在世的时候，仍享有房屋的产权。

这种倒按揭的方式解决了那些拥有房产却没有现金的老年人的生活问题。但这种养老方式能否在中国实行仍然受到诸多质疑。

思考与实践

1. 议一议

（1）不同的养老保险各有什么特点？

（2）你还了解哪些养老形式？简单介绍一下。

2. 练一练

（1）下列选项中不属于养老保险的范围的是　（　　）

A.国家通过立法强制实施的、为保证劳动者丧失劳动能力后的基本生活而实行的保险制度

B.由企业根据经营状况为本企业职工投保的保障其退休后生活的保险

C.公民为保障年老后的生活而自己投保的保险

D.公民为解决个人年老后的巨额的医疗费用支出而为自己投保的保险

（2）“养老保险的整体水平要高于贫困救济线和失业保险金的水平，但低于社会平均工资和个人在职时的收入水平。”指的是养老保险的哪个特征（　　）

A. 保障水平的适度性　　B. 享受待遇的长期性

C. 保障方式的多层次性　　D. 与家庭养老的相关性

3. 做一做

（1）调查周边人口状况，看看他们都采用什么方式养老，这些方式有什么裨益。

（2）运用所学的养老保险知识为你的长辈提些好建议。

第七课　保险与家庭风险管理

名人名言

善治财者，养其所自来，而收其所有余，故用之不竭，而上下交足也。

——司马光

导　言

家是现代人休憩、避风的温馨港湾，安全性是家庭成员对家的第一需求。随着生活水平的提高，中国城乡居民已经拥有了更多的财产，如汽车、高档家用电器、豪华家具等，有的人已经拥有了自己的私人住宅。与此同时，家又是一个充满着各种潜在风险的地方，如住房可能损毁，家里的贵重物品可能被盗等。各种灾害事故威胁着城乡居民的人身财产安全，一些发生在家中的灾害事件甚至还损害着来家中做客的亲友，等等。可见，家庭并非平静的港湾，事实上它面临着各种潜在的风险，一旦风险发生，可能会导致家庭财富减少，生活水平下降，给家庭罩上一层乌云。那么怎样才能使家庭受到保护呢？我们说保险是转移家庭面临的各种风险的最好方式之一。

案例导入

家庭保险规划

乐乐和妈妈去看望小姨和刚出生不久的表弟。小姨抱怨说："自从有了小孩子，操不完的心！"妈妈说："你这才刚刚开始呢！随着孩子慢慢长大，医疗、教育、婚嫁，问题多着呢！"

大家一边谈论着小表弟，一边看电视，电视节目正在报道湖南省某市因连降暴雨，已经造成多处房屋受损以及多起交通事故等。听完报道，乐乐的妈妈和小姨不禁感叹："天灾难避免，人祸更难根除。"小姨说："虽然现在生活得不错，但想到最近几年自然灾害、意外事故频繁，心里也难免有所担心。"乐乐的妈妈说她也很操心，比如害怕乐乐爸爸开车上班会遇上交通事故，怎样让乐乐健康成长，还有能不能负担乐乐以后上大学、出国的教育费，等等。

"是啊！"小姨夫在一旁接过话题，"每一个家庭都面临着各种潜在的风险，同时会遇到各种财务问题，是到了要为我们的家庭未来好好规划的时候了。"

知识解读

保险与家庭理财

谈到理财，很多消费者会和炒股、基金、购地买房联系在一起。由此可见，人们经常将理财和投资画上一个等号，其实理财并不等于投资。简单地说，"理财"就是财富管理，具体包含三个部分：开源；节流；止损。

家庭财产保险

家庭财产保险（Household Property Insurance），保障对象是城乡居民家

庭的财产，属于财产保险的范畴。凡存放、坐落在保险单列明的地址，属于被保险人自有的家庭财产，都可以向保险人投保家庭财产保险。家庭财产保险包括普通家财保险、两全家财保险、长效还本家财保险、安居类综合保险、投资保障家财保险、特种家财保险等。

机动车辆保险

机动车辆保险（Auto Insurance），以汽车、摩托车、拖拉机等机动车辆及第三者责任为保险标的的运输工具类保险。该保险按照保险责任分为车辆损失保险和第三者责任险。

教育保险

教育保险（Education Insurance），是以为孩子准备教育基金为目的的保险。家庭想为子女积攒大学学费，或到国外接受教育，购买教育保险是一种比较好的渠道。教育保险是储蓄性的保险。

意外伤害保险

意外伤害保险（Accident Death & Dismemberment Insurance），指在保险有效期间内，如果被保险人遭受意外伤害而导致不幸残疾或身故，由保险公司给付身故保险金或残疾保险金。家庭的每个成员，尤其是负责经济来源的家庭主要成员，需要购买一份意外伤害保险。

重大疾病保险

重大疾病保险（Critical Illness Insurance），是指由保险公司经办的以特定重大疾病，如恶性肿瘤、心肌梗死、脑溢血等为保险对象，当被保人患有上述疾病时，由保险公司对所花医疗费用给予适当补偿的商业保险行为。

资料卡

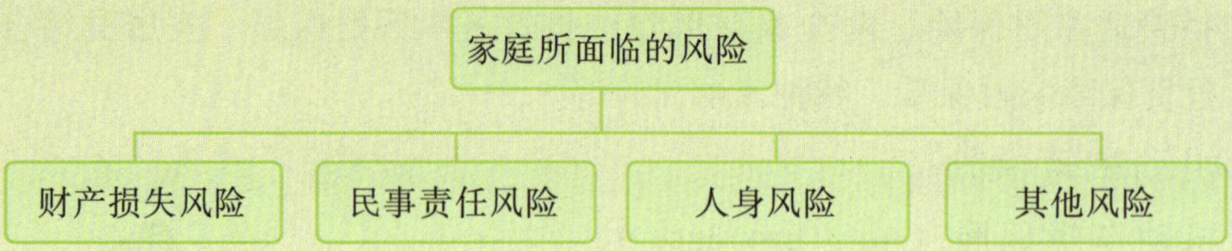

阅读资料卡

巨灾威胁家庭财产安全

所谓巨灾，是指台风、暴雨、洪水、地震和海啸等对人类社会造成巨大损失的自然灾害。当今国际社会，巨灾损失已成为国际保险和再保险公司破产清偿的一个重要原因。在中国，每年因自然灾害造成的经济损失颇具规模。2006年因灾直接经济损失2528.1亿元，再往前一年，即2005年是2042.1亿元。可是由于巨灾保险的缺失，历来经济损失主要依靠国家财政救济。

2006年6月，国务院颁布的《国务院关于保险业改革发展的若干意见》提出，建立国家财政支持的巨灾风险保险体系，鼓励国内保险公司多为社会提供巨灾风险保障。2007年8月30日，第十届全国人民代表大会常务委员会第二十九次会议表决通过的《中华人民共和国突发事件应对法》也明确规定，我国将建立国家财政支持的巨灾风险保险体系，并鼓励单位和公民参加保险。

（1）2008年雨雪冰冻灾害。据统计，保险业为2008年雨雪冰冻灾害支付赔款19.74亿元，其中财产保险赔付占比约9成。保险业共接到雨雪灾害保险报案101.1万件，雪灾造成的保险损失主要集中在机动车辆、企业财产和农业保险等财产险方面。其中，车险报损75万件，已赔付7.9亿元；企财险及建工险报案5.12万件，已赔付8.67亿元；农村住房保险报案1.41万件，已赔付1053.7万元；农业保险已赔付6629.6万元。

（2）2008年四川汶川大地震。据中国保监会数据显示，截至2009年5月10日，保险业共赔付保险金11.6亿元，处理有效赔案23.9万件，已结案23.1万件，结案率达到96.7%；赔案涉及遇难人员1.29万人，伤残743人，受伤医治3343人。

趣味阅读

体罚保险

美国许多州有明文规定，禁止对中小学生进行体罚，学校要废除体罚。但是体罚仍不绝迹，打骂、虐待学生的事件时有发生，特别是对小学生的体罚现象还普遍存在。为此，美国一家保险公司开办了一项“小学生保险”。投保者每人每周缴保险费3美分，如果投保人被老师打屁股，保险公司要赔偿40美分；如果老师罚投保人做额外功课，保险公司要赔偿10美分。这项保险以收费低廉吸引了广大学生并得到了家长们的积极支持。“小学生保险”已成为该公司办得最有声有色的项目之一。

德国：养狗要上“强制险”

德国人爱狗出名，仅在柏林，登记在册的家养狗就超过了10万只。但也有很多不喜欢狗的人，大都市养狗造成很多问题。狗多，再加上这里不时有人为爱狗和恨狗而上街游行，人们戏称柏林也是“狗的首都”。

在德国养狗必须得到政府批准。卫生防疫措施必不可少。除了警用、导盲犬等服务功能的狗，养狗人要缴狗税。在柏林养第一只狗每年缴税为120欧元，第二只狗则要再缴180欧元，不许养更多的狗。

由于狗可能对人、其他动物和财产造成危害，所以德国很多州都规定，养狗人必须为狗上类似于机动车“机动车交通事故责任强制保险”的强制保险，用于赔付因狗造成的损失。一旦狗肇事，小至咬坏衣服，大到引发交通事故，甚至造成他人伤亡，保险公司应先行赔付。柏林规定，养狗人要为狗上不低于100万欧元赔偿额的保险。除了可在自己的保险中为狗上附加险，很多保险公司也设狗损保险。鉴于德国养狗人的责任越来越大，德国养狗人协会建议养狗人为狗上更高的保险，不低于500万欧元赔偿额。通常养狗人每年为狗缴75~270欧元保险费，具有危险性的狗还要多付30%以上的保费。

思考与实践

1. 议一议

(1) 结合自己的经验，谈谈居民家庭一般面临着哪些风险。

(2) 人身保险一般是长期合同，投保人如何确保合同的有效性？

2. 练一练

（1）属于强制性购买的保险是　（　　）

A.车辆损失险　　B.机动车交通事故责任强制保险

C.家庭财产保险　　D.全车盗抢险

（2）家庭财产保险不包括　（　　）

A.普通家财险　B.两全家财险　C.安居类综合险　D.汽车险

3. 做一做

调查一下你家里都购买过哪些保险。据此提出自己的建议，并加以阐述。

第八课　保险与监管

名人名言

不以规矩，不成方圆。

——《孟子》

导　言

一位渔夫在河里打鱼，他一直把网撒到了对岸，拦住了两岸之间的河水，接着又用麻绳拴了块石头，不断击打水面，搅浑了整条河的水，吓唬鱼群，使之慌忙逃窜，纷纷钻入他的渔网。很快，渔夫就满载而归了。住在两岸的邻居们没有清水可喝，便责备渔夫不该把水搅浑，渔夫回答说："要是不把水搅浑，我怎么能抓到这么多的鱼?"

上述寓言中的渔夫为了自己的利益而损害了他人的利益。如果在这之前，两岸的居民在河边立上一个"严禁捕捞，违者罚款"的牌子，并设专人进行监督管理，结果会是怎样呢？正所谓没有规矩不成方圆，如果每个人都将自己的利益建立在损毁他人利益之上，可想社会将会变成怎样一个混世。

案例导入

退休老人买投连险亏损8万元

老李夫妇都已是年近七旬的老人，手里存有20万元的储蓄。2007年6月，两位老人来到一家银行网点，打算给刚满10岁的孙子专留一笔大学教育金，剩余的存款则留为自己养老用。但在该银行的理财顾问推荐下，将20万元存款全部用于购买了某保险公司在这里代销的一款投连险，投连险有激进型和稳妥型等多个账户，而老人的资金进的是风险较大的激进型账户，恰逢当时正是股指最高时段，因此买后账户价值不断缩水。老人曾向银行和保险公司咨询，得到的答复都是还有可能“翻本”，但是事实并非如此。到2008年底，老人的20万元已经缩水变成12万元。8万元的“命根子钱”就这样“不翼而飞”，两位老人都难以承受如此打击，双双病倒。为此，其子女向法院提起诉讼，起诉该银行在保险销售中存在误导行为，并要求全额退保。

针对投资连结保险在销售中对产品解释不清、隐瞒费用扣除和夸大合同收益等销售误导方面的投诉，为切实保护消费者权益，中国保监会向各人身保险公司和各保监局下发了《关于加强投资连结保险销售管理有关事项的通知》，警告投连险市场销售误导现象，要求将投连险销售误导作为行业重要风险来防范，并部署了对销售误导的各项防范和打击工作。2009年初，出台新规定：3月15日起，在银行卖出的投连险新单一次性缴清保费不得低于3万元人民币，且银行储蓄柜台不得销售投连险。

监管背景与目的：

保护投保人和被保险人的合法权益：中国保监会《关于加强投资连结保险销售管理有关事项的通知》的目的是加强投连险的销售管理，

确保通过合格的销售人员，经由合适的销售渠道，将投连险销售给具有相应风险承受能力的客户人群，消除误导可能产生的根源，减少纠纷投诉，保护消费者利益。

维护保险业整体的安全与稳定：2008年，受降息、股市低迷的影响，作为投资产品的投连险账户净值也不断缩水，在一些地方甚至出现了大面积退保。投连险，尤其是在银行渠道销售的投连险，如发展过快，也容易使保险公司陷入偿付能力危机。保险监管机构据此情况，及时引导公司调整产品结构，大力发展保障型业务，努力实现速度和结构、质量、效益的有机统一。

知识解读

投资连结险

投资连结险（简称“投连险”，Unit-linked Insurance），是指包含保险保障功能并至少在一个投资账户拥有一定资产价值的人寿保险。投连险是一种集保险保障和投资理财于一体的新型寿险。保障方面主要体现在被保险人保险期间意外身故，会获取保险公司支付的身故保障金，同时通过投连附加险的形式也可以使用户获得重大疾病等其他方面的保障。投资方面是指保险公司使用投保人支付的保费进行投资，获得收益。

一般每款投连险都会提供不同的账户进行选择，账户区别主要反映在投资领域（如基金、股票、期货、银行存款）账户资金投资比例不同，导致账户收益和风险存在差异，有利于满足用户的不同投资选择。

监管

监管（Regulation），是指政府或政府授权的组织，依法对市场主体所施加的一种要求或干预。金融业务涉及社会所有行业和个人，一旦金融业出现风险，影响巨大。正是基于金融业的特点，大部分国家都设置专门机构加强对金融业的监管。保险监管制度最早在1851年出现于美国的新罕布什尔州，其后奥地利、英国也相继建立了保险监管制度。历史上各国对保险业的监管

一直朝着强化的趋势发展。

中国保险监督管理委员会（简称中国保监会，CIRC），成立于1998年11月18日，是国务院直属事业单位。根据国务院授权履行行政管理职能，依照法律、法规统一监督管理全国保险市场，维护保险业的合法、稳健运行。

监管的目的

保障被保险人的合法权益，确保保险人的偿付能力，防范和化解风险，维护保险体系的稳定与安全，规范保险市场运作，保证公平竞争。

监管内容

监管内容主要包括四个方面：第一，对保险机构的监管，包括机构准入、经营与退出；第二，对保险业务和市场行为的监管；第三，对财务与偿付能力的监管；第四，对资金运用业务的监管。

保险监管的手段

审批、检查和处罚，是履行保险监管职责的三种主要手段。保险监管模式通常有两种，一种是严格型监管模式，如日本和多数发展中国家；另一种是松散型监管模式，英国、新加坡等国家采用此模式。

资料卡

我国保险监管概貌

借鉴国际保险监督管理协会最新监管原则，中国保监会致力于建设中国特色的保险监管模式，逐步建立了以市场行为、偿付能力和公司治理结构监管为三大支柱的现代保险监管体系。以公司治理和内控为基础、以偿付能力监管为核心、以现场检查为重要手段、以资金运用监管为关键环节、以保险保障基金为屏障，构筑了防范风险的五道防线。特别是通过保险保障基金制度，率先在中国金融行业建立起市场化的风险自救机制。

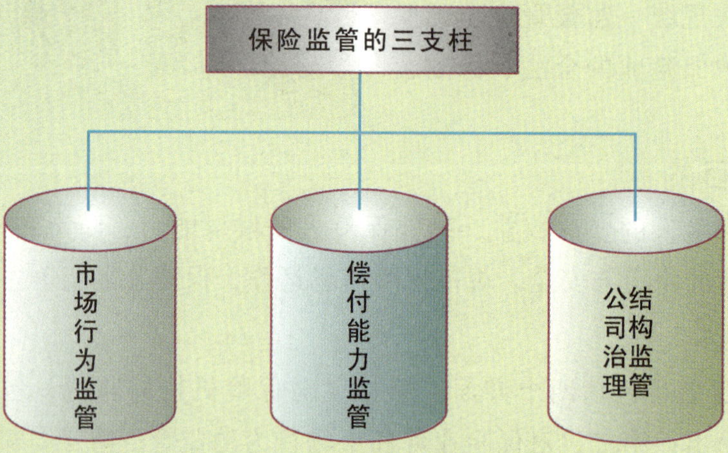

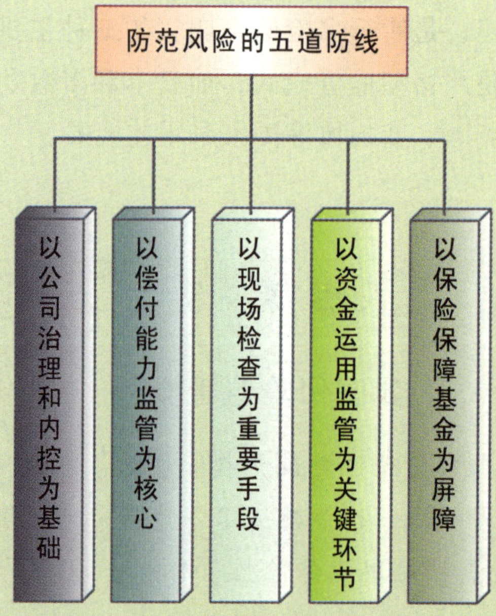

阅读资料卡

《中华人民共和国保险法》和保险的维权途径

《中华人民共和国保险法》是中国第一部保险基本法，它颁布于1995年，在立法模式上是采用“保险业法”与“保险合同法”合一的模式，既调整保险市场主体与保险监管机构之间的监管关系，也调整保险人与被保险人之间的保险合同关系。

这部法律颁布至今，已经历了两次修改。第一次修改是在2002年，针对中国加入世贸组织承诺对保险业的要求，修正内容重在“保险业法”部分。2009年2月28日，第十一届全国人民代表大会常务委员会第七次会议表决通过了《中华人民共和国保险法》的最新修订，并定于2009年10月1日起正式实施。此次修订在规则完善和制度设计上特别注重了对广大投保人、被保险人和受益人利益的保护。

比如新《保险法》首次明确了保险公司理赔的程序和时限。被保险人索赔时，保险公司认为其提供的索赔证明和材料不完整，应当“及时一次性书面”通知被保险人补充提供，避免以此为由拖延理赔。保险公司收到索赔申请后，除另有约定外，应当在 30 日内作出核定，并将核定结果书面通知被保险人或者受益人。对不属于保险责任的，保险公司应当发出拒赔通知书，并说明理由。

投保前，许多投保人对于保险条款的内容不能全部了解，特别是对于免除保险公司责任的“免责条款”，新《保险法》强调，保险公司应在投保单、保险单或者其他保险凭证上作出“足以引起投保人注意”的提示。

另外，新《保险法》在人身保险方面也为保护被保险人利益作出了新的规定，在受益人故意造成被保险人死亡、伤残或者疾病时，实施非法行为的受益人丧失受益权，但保险人不因此免除保险责任，被保险人的利益仍然受到保护。

修改后的《保险法》还通过加强对保险公司的监管，特别是对保

险公司偿付能力的监管来防范保险公司的风险，根本的目的也是为了维护广大投保人和保险人的合法权益。

根据国务院授权，中国保监会依照法律、法规统一监督管理全国保险市场。依照有关规定，中国保监会及其各保监局，以及各保险行业协会均建立了完善规范的投诉处理制度。投保人和被保险人须遵照《中国保险监督管理委员会信访工作办法》的规定，用实名向该信访事项的主管单位提出诉求，以维护自身合法权益。目前，投诉途径有：在线投诉、电子信箱、电话等。

相关链接：中国保监会网站网上信访栏目

http://www.circ.gov.cn/web/site0/tab94/

各保监局信访投诉电话及传真

http://www.circ.gov.cn/web/site0/tab94/i67042.htm

中国保险行业协会在线投诉栏目

http://www.iachina.cn/IC/Index/zaixiantousu.html

趣味阅读

春天到了，河塘里到处都是游来游去的小蝌蚪、小鱼和小虾；长长的水草悠悠地扭动着她的水蛇腰，跳着优美的舞蹈；柳树把长着嫩绿嫩绿新叶的长长的枝条垂入小河，轻轻地抚摸着水面；一阵阵春风带着春姑娘的口信儿吹拂着河面，把春来了的消息带给她，到处充满着勃勃生机……

河水向河岸夸耀着说：“快瞧啊，我是多么的美丽呀，到处都是生机勃勃的。还有那么多的小宝贝们在我这里游来游去的，他们全都离不开我呢！”于是河水骄傲自大起来，责怪河岸不让他自由流淌，限制他的自由。

河岸对他说，河水要知道，如果不是河岸，河水不可能会发挥这么大的作用，不可能去灌溉田地。

鸟儿唧唧喳喳地说：“河岸！河岸！河岸说得对！”

青蛙也发话了：“小时候，我生活在水里，长大了，我就住在岸上。如果没有你们两个中的任何一个，我都活不了，因此你们两个都很重要！快些团结起来吧！这样你们才会更加美丽！”

河水不听大家的劝告，肆意妄为，不住地冲击河岸。河水很快冲毁了河岸，还冲毁了庄稼，淹没了山庄，最后被土地吸收，被太阳晒干了。

河水奄奄一息的时候叹叹气，对河岸说：“早点听你的话，就不会落到今天的下场了！”

思考与实践

1. 议一议

(1) 保险公司受中国保监会监督管理，社会保障是否亦然？

(2) 对于社会保障你知道多少？

(3) 你了解社会保障的作用吗？

2. 练一练

(1) 现在负责监管我国保险公司的机构是 ( )

A.中国人民银行 B.中国保险监督管理委员会 C.财政部

D.中国保险行业协会 E.中国银行业监督管理委员会

(2) 保险监管的目的，包括 ( )

A.保证保险市场公平竞争

B.维护保险体系的稳定与安全

C.确保保险人的偿付能力

D.防范和化解风险

E.保障被保险人的合法权益

3. 做一做

想想如果保险公司没有受到任何管制，将会产生怎样的现象，造成怎样的结果。

第九课　保险与社会保障

名人名言

保有适当的保险，是一种道德责任，是大部分国民应负有的义务。

——美国前总统　罗斯福

导言

步入纷杂的社会，投身于工作，风险可能正悄无声息地威胁着我们及家人、朋友的身体健康、生命安全、自身权益。除了商业保险，我们会有一份社会保险作为基本生活保障。什么是社会保险？什么是社会保障体系？这是我们本课所要探讨的内容。

案例导入

互有约定，就可免于办理社会保险吗

刘某应聘到一家单位，单位提出如果刘某要求办理社会保险，则从其工资中每月扣除300元。刘某觉得多拿点工资好，至于办不办社会保险关系不大。于是双方签订了3年的劳动合同，在合同中规定每月工资2000元，单位不负责社会保险的相关事宜。

后来，劳动保障部门在检查中发现这家单位没有依法为签订劳动合同的职工办理社会保险，遂对其下达限期整改指令书，要求该单位为刘某办理参加社会保险的手续。该单位认为，单位不负责社会保险是经双方协商同意的，在劳动合同中已有明确约定。

知识解读

社会保障

社会保障（Social Security），是指国家和社会通过立法对国民收入进行分配和再分配，对社会成员特别是生活有特殊困难的人们的基本生活权利给予保障的一种制度。

社会保障由社会保险、社会救济、社会福利、社会优抚等组成。其中，社会保险是社会保障的核心内容。

社会保险

社会保险（Social Insurance），是国家通过立法对社会劳动者暂时或永久丧失劳动能力，或失业带来收入减少时提供一定的物质帮助以保障其基本生活的社会保障制度，是社会保障体系的核心部分。一般包括基本养老保险、失业保险、基本医疗保险、生育保险和工伤保险。

基本养老保险（Basic Pension），是国家和社会根据一定的法律和法规，为解决劳动者在达到国家规定的解除劳动义务的劳动年龄界限，或因年老丧失劳动能力退出劳动岗位后的基本生活而建立的一种社会保障制度。

失业保险（Workers' Compensation），由社会集中建立基金，对因失业而暂时中断生活来源的劳动者提供经济帮助的一种社会保障制度。

基本医疗保险（Basic Medical Insurance），是当人们生病或受到伤害后，由国家或社会给予的一种物质帮助，即提供医疗服务或经济补偿的一种社会保障制度。

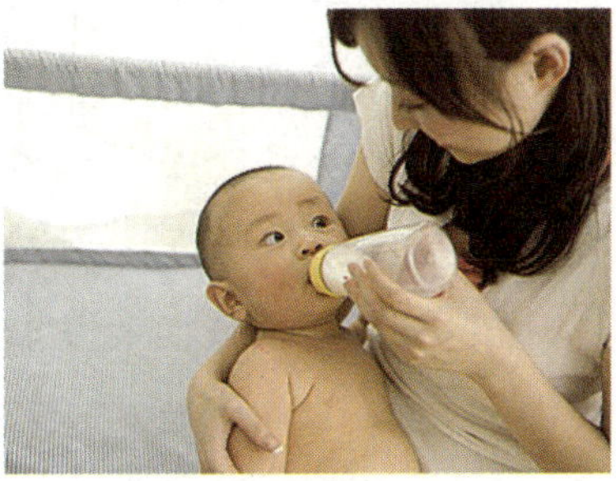

生育保险（Maternity Insurance），是通过国家立法规定，在劳动者因生育子女而导致劳动力暂时中断时，由国家和社会及时给予物质帮助的一项社会保障制度。

工伤保险（Employment Injury Insurance），是指国家和社会为在生产、工作中遭受事故伤害和患职业性疾病的劳动者及亲属提供医疗救治、生活保障、经济补偿、医疗和职业康复等物质帮助的一种社会保障制度。

在本案例中，刘某所在单位有法定义务为其办理社会保险。虽然这家单位不负责为刘某办理社会保险是在双方自愿基础上约定的，但是这项约定内容与国家法律法规的强制性规定相抵触，因此约定是无效的，该单位必须为刘某补办社会保险。

资料卡

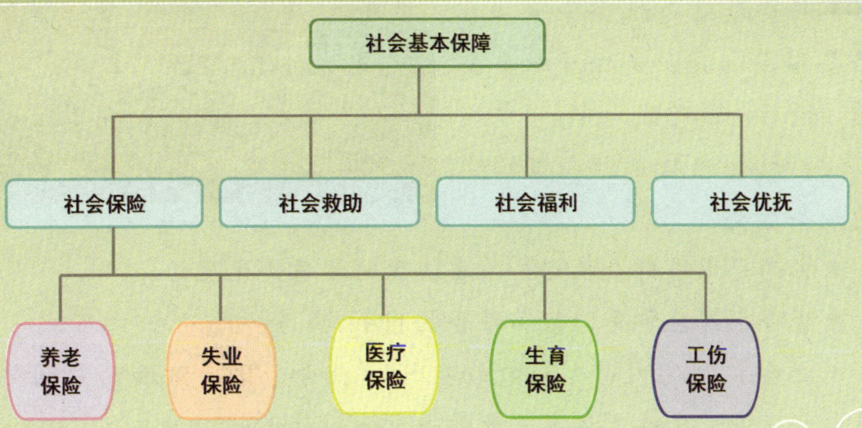

阅读资料卡

社会保障制度体系的组成

(1) 社会保险是社会保障体系的核心部分。

• 目的是保障劳动者的基本生活需要；

• 保障对象是劳动者；

• 资金来源是参与者定期缴纳保险费，建立社会保险基金，当其中有人遭受风险而受到经济损失时，可按规定领取一定数量的保险金；

• 社会保险是一种缴费制的社会保障，须尽到缴纳保险费的义务，才有享受收入补偿的权利。

(2) 社会救助属于社会保障体系的最低层次。

• 目的是保障被救助者的最低生活需要；

• 主要对象是无收入、无生活来源者，遭遇不幸而无法维持生活者；

• 资金来源是政府财政税收拨付或社会福利机构、社会团体、个人提供的捐赠；

• 截至2008年底，中国共有城乡低保对象6200多万人，农村五保对象530多万人；

• 社会救助是社会保障体系的必要组成部分，是保障社会安全的“最后一道防线”。

(3) 社会福利是社会保障体系的最高层次。

• 目的是增进群众福利，改善国民的物质文化生活；

• 资金来源主要是国家和社会福利机构；

• 社会福利的内容不仅包括生活、教育、医疗方面的福利待遇，而且包括交通、文娱、体育、欣赏等方面的待遇；

• 社会福利不仅保障人们的生存需要，还要保障整个社会有进步和发展的可能，因此是社会保障体系的最高层次。

(4) 社会优抚安置是社会保障的特殊构成部分，属于特殊群体的社会保障。

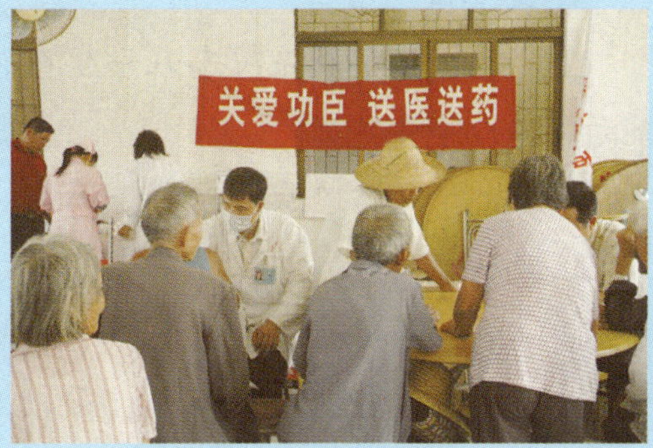

• 目的是优待和抚恤；
• 对象是军人及其家属；
• 基本特征是对军人及其家属的优待；
• 资金来源是国家财政拨款。

趣味阅读

女性保险

女性担负着女儿、妻子、母亲的角色，生育与家庭的双重负担，更使她们容易受到伤害。女性保险是专为女性量身定制的保险产品。传统的保险适用的人群较广，一份保单有很多保险责任，但适用于投保人的可能十分有限。女性保险则是针对女性一些特有的情况而设计的相关保险产品，旨在更大程度地利用保险责任，从而真正让女性受益。

20世纪20年代，英国开始为职业女性提供保险保障，成为世界上最早提供此类保险的国家之一。该保险为她们日后的独立生活提供了保障，提高了妇女的社会地位，在当时的英国具有重要的社会意义。

思考与实践

1. 议一议

（1）通过对商业保险和社会保险的学习，请对你家庭中购买的保险进行分类。

（2）你有哪些理财规划？

2. 想一想

（1）举例说明生活中可能会遇到哪些意外伤害；

（2）我国《劳动法》规定，劳动者在下列哪些情形下，依法享受社会保险待遇　　（　　）

A.退休　　B.患病、负伤

C.因工伤、残、死亡或者患职业病　　D.失业

E.生育

（3）按照《北京市基本养老保险规定》，北京市基本养老保险缴费的比例是　　（　　）

A.企业按职工缴费工资总额的25%缴费

B.企业按职工缴费工资总额的20%缴费

C.职工按个人缴费基数的8%缴费

D.职工按个人缴费基数的15%缴费

3. 练一练

调查你的父母全部收入中“五险”所占据的比例各是多少。

第十课　保险与理财

名人名言

我一直是人寿保险的信仰者，即使一个穷人，也可以用寿险来建立一笔资产，他可以感受到真正的满足。因为他知道，倘若有任何事件发生，他的家庭也可受到保障。

——美国前总统　杜鲁门

导言

现如今，有这样一种社会现象：月初逍遥，月中萧条，月底吃面条。这就是“月光族”的生活状态。作为80后、90后的人群，应该如何掌控自己的财富，如何提高生活质量、创造美好的未来，需要建立合理的理财理念，做好理财规划。

案例导入

月光族如何理财

正所谓“你不理钱，钱不理你”，小林夫妇正在为“月月光”犯愁呢。小林夫妇在江苏无锡工作，家庭月总收入10000元左右，年底无奖金，属于月光一族。夫妻两人打算从现在开始理财，家里只有存款5万元，没有任何投资，除基本社会保险外没有购买其他保险。夫妻双方父母都健在，虽然老人有退休金，但仍然需要儿女每月补贴部分生活费用。

开支状况

房租：1500元/月。生活支出（吃饭、家用），3000元/月。通讯、交通费用：600元/月。应酬：2000元/月。每月给父母生活费：1000元/月。孩子的学习基金：因为等以后有了孩子，教育这部分费用是很大一笔支出，所以小林夫妇从现在开始存钱，1000元/月。特殊花销，500元/月。

理财需求

在不大幅度降低生活品质的同时又能在几年内购买属于自己的住房。暂时无做生意的打算，可以进行其他方面的投资来增加家庭总财富。

家庭月收支状况表　　单位：元

收　入	支　出		支出比例
月收入：	房租	1500	15%
10000	生活支出	3000	30%
	通信、交通费	600	6%
	应酬费	2000	20%
	孝亲费	1000	10%
	子女教育基金	1000	10%
	特殊花销	500	5%
每月结余（收入－支出）		400	

财务诊断

小林夫妇的开支状况是典型的“月光族”，有固定的收入，不愁下个月无钱花。但是人不可能永远年轻，收入也不会一成不变，如何有计划地“花”和“理”，是我们要关注和讨论的话题。

知识解读

个人理财

是指根据财务状况，建立合理的个人财务规划，并适当参与投资活动。个人财务状况包括：个人收支、资产、债务、税负、保险等。财务规划需要规划人生支出：婚姻、子女（含子女教育）、赡养父母、养老、医疗、住房、旅行、动产、非经常性开支等。

收益型理财

已有的财产让其增值保值，可以称为收益型理财，人们最常见的收益型理财主要有以下四种。

储蓄（Savings），是指公民个人将合法拥有的、暂时不用的货币，存入银行或信用合作社等金融机构。当存款到期或客户随时兑付时，金融机构保证归还本金和支付利息。

股票（Stock），指股份有限公司在筹集资金时，向出资人发行的股份凭证。股票可以通过领取分红获得收益，也可以通过转让卖出收回全部或部分投资，或获得收益。

基金（Fund），指通过发行基金单位（或基金券）将投资者分散的资金集中起来，交由专业机构进行托管、管理。资金运作一般投资于股票、债券、外汇、货币、实业等领域，以减少风险获得收益，从而使资本得到增值。

国债（Treasury Bonds），是国家为筹集财政资金而发行的一种政府债券，国债以国家信用作保证。在我国，国债利率较其他类型债券（企业债券，由企业发行，以企业资产作为担保）低，而比同期银行存款利率高。

透支型理财

在没有财产时，先花将来的钱，日后再将其

还上，可以称为透支型理财，最常见的透支型理财是信用卡。

信用卡（Credit Card），是通过银行预设信用额度，客户可在信用额度内先消费后还款，消费享有免息还款期，信用额度循环使用的银行卡。

信用卡同时具有支付和信贷两种功能。持卡人可用其购买商品或享受服务，还可通过使用信用卡从发卡机构获得一定的贷款。

防范型理财

对已有的财产安排保障，以减小将来风险发生时的损失，可以称为风险防范型理财。风险防范型理财最专门的工具是保险。

资料卡

理财手段

• 储蓄

"月光族"每月至少应该将收入的三分之一用来储蓄。虽然储蓄的收益低，但必须有一笔机动款项来应付个人的日常开支。这笔钱可以分成两部分：一部分存成半年期定期储蓄，一部分存成活期储蓄。案例中的主人公已有一部分储蓄，储蓄的好处主要表现在两点：（1）安全可靠，可以保本；（2）除本金外，储蓄还有利息生成。

• 股票

股票是一项高风险投资。在拥有一定经济条件的基础上，适当地购买股票进行投资，不失为一种不错的理财手段，但要做好面对风险的心理准备和财务安排。

• 基金

增值型的理财不妨首选基金，基金虽然最高收益一般会小于股票最高收益，但风险远远低于股票，长期持有是一种可靠的方式。

• 国债

购买国债，风险较小，收益要高于定期存款，但缺点是不能随时购买。我国很多老年人通过国债进行理财。

• 信用卡

对于许多年轻人来说，在适度范围内使用信用卡，是一种很好的理财方式，可以将自己的机会成本减少，机会扩大。

• 保险

保险需要根据不同年龄阶段和个人的需求，人身保险可能已经不适合老年人购买（保险公司一般不为老年人提供保险保障）。若需要保全财产，如家庭财产等，可通过购买少量保险让家庭财产获得保障。如出现火灾等情况，家庭财产可得到补偿，以维护财产不会出现巨大损失。

阅读资料卡

卡奴变卡主

卡奴，卡是指信用卡，奴是指奴隶。“卡奴”一词最先源于台湾，是指没有能力偿还透支信用卡的卡民。卡奴大多数是年轻人，各家银行为了推广自己的信用卡，办信用卡的手续很简单，而且鼓励年轻人办信用卡。有的人把这张信用卡用透支了，为了还款，就去另一家银行办信用卡去还这家银行的债。这样，就被信用卡所奴役了。

针对这种现象，专家提出以下建议："持卡人应合理用卡，培养良好的理财习惯。在作出选择时也要下足工夫。"

1. 选择适合自己的卡。随着信用卡的普及，针对不同人群的主题信用卡、联名信用卡越来越多，从其中选择适合自己的才是关键。比如可以积累某航空公司里程的航空卡，对于很少出差的人来说，要想通过刷卡换回机票几乎不太可能。

2. 选择合适的银行。各银行由于经营方式、规模等不同，对信用卡的相关收费也不尽相同。比如年费、免息期、各种业务手续费等。所以，根据自己的情况和银行网点的布局，选一家相对方便、实惠的银行，也是一种省钱的方法。

3. 选择适合自己的信用额度。普通卡、银卡、金卡、白金卡等，银行根据不同的透支额度推出了一系列信用卡。应当根据自己的需要选择适合自己的信用卡，往往等级越高、透支额度越大，所需承受的风险也就越大，而且通常会有较高的年费等。

趣味阅读

富翁与金子

有一座华丽的宅邸，住着个大富翁，他吃的是山珍海味，穿的是绫罗绸缎。可是他并不开心，每天晚上总是做噩梦，因为他担心万一他的财产失去了，他就会过穷人的生活。

一天早晨起来，他听见土地公公在

唱歌，他就把他的苦恼给土地公公说了，土地公公说："这样，你把你的金子给我一袋，我保证在你生病或遇到其他风险事故时给你五袋金子，在你老了的时候，每月都给你半袋金子。"富翁同意了。从此，他再也不做噩梦了。

财富重要，让财富安宁更重要。

思考与实践

1. 议一议

(1) 如果你父母现在有一笔不急用的钱，你会建议他们怎么处理？

(2) 现在有很多大学生在读书期间就开始"炒股"，你怎么看？

(3) 你认为保险与其他理财产品相比，有什么优势和劣势？

2. 练一练

(1) 你的家庭如何理财，请举例说明。

(2) 个人理财通常有哪些工具　（　　）

A.储蓄　B.股票　C.基金　D.国债　E.期货

(3) 股份有限公司筹集资金时向出资方发行的凭证，称为　（　　）

A.债券　B.国债　C.储蓄　D.股份　E.股票

3. 做一做

调查同学们都怎样安排零用钱。

后　记

在项目工作组直接参与和精心组织下，在相关部门和各试点学校积极参与和大力支持下，我们根据两年来中学保险教育项目开展情况，结合各试点学校的教学实践以及中学生的身心特点和中学教学特点，编写了《保险伴我一生·高中版》一书，供高中生学习保险知识参阅。编写组尽量以通俗易懂的文字、丰富有趣的插图、生动活泼的语言、浅显翔实的资料、贴近生活的案例，介绍风险、保险以及金融的一些重要理念和基本知识，以便于广大读者阅读和理解。

本书的编写组如下：

编写组成员：卜凡伟　郭金龙　樊新鸿　尹莉　刘菲　谭笑　雷蕾　杨蕾　赵敏　刘明飞　胡宏兵　王咪妮　何毕

执笔人：卜凡伟　郭金龙　樊新鸿　尹莉　刘菲　谭笑　雷蕾　杨蕾　赵敏　刘明飞　胡宏兵　王咪妮　何毕

此外，在本书编写和修改过程中，有保华、张许颖、石晓军等参与讨论，提出许多很好的意见，谨以致谢。

北京师范大学出版社梁志国主任的策划、编辑团队对本书的编辑、校对、出版付出了辛苦的工作，感谢他们为本书的出版所作的努力和付出。

最后，感谢英国保诚集团对本书的资助和对中国保险教育工作的支持。

本书编写组

2009 年 9 月